Carl Maria von Heddernheim

Verdichtete Gereimtheiten

und

Alltagstaugliche Gebrauchspoesie
für viele Gelegenheiten

Carl Maria von Heddernheim:
Verdichtete Gereimtheiten und
alltagstaugliche Gebrauchspoesie für alle Gelegenheiten
ISBN: 978-3-937774-47-3

Titelgestaltung: Manfred Nachtigal unter Verwendung
von Fotos von Dieter Kögel
Illustrationen: Dieter Kögel
Herstellung: Anna Kirschner

Erschienen im CoCon-Verlag Hanau 2008
In den Türkischen Gärten 13, 63450 Hanau
Tel.: (0 61 81) 1 77 00, Fax: (0 61 81) 18 13 33
E-Mail: kontakt@cocon-verlag.de
www.cocon-verlag.de

Carl Maria von Heddernheim
Geboren am 21. 5. 19hundertpaarund50. Nach der Schulausbildung Lektorat in einem Verlag, danach Korrektor bei einer Tageszeitung. Seit der Frühverrentung befasst mit eigenen Essays, Artikeln und Gedichten.
Lebt heute im Hanauer Raum, reist gerne und viel, aber nicht sehr weit, und bringt seine Reise- und Alltagseindrücke zu Papier. Hält Lesungen im gesamten deutschsprachigen Raum von Klein-Auheim bis Kesselstadt, manchmal auch darüber hinaus. Lebt im Allgemeinen zurückgezogen und scheut die Öffentlichkeit, bleibt am liebsten unerkannt und lässt sich ungern ansprechen. Gibt sich wortkarg und kurz angebunden, wenn überhaupt.
Nimmt dennoch am öffentlichen Leben als Zeuge teil, betrachtet von Parkbänken oder Kaffeehäusern aus die Welt. Möchte seine Arbeiten denn auch verstanden wissen als Momente des Innehaltens und Beobachtens alltäglicher Lebenssequenzen, die aus seinem Blickwinkel heraus immer auch etwas Absurdes haben.

Inhaltsverzeichnis

Vorwort 6

Zwischengemenscheltes 9

Zwischentierisches 17

Heddernheims geheimer Alltag 33

Abendgebete für Fünfzigjährige 47

Reisen bildet 59

Heddernheims Regionalitäten 63

Alltagstaugliche Gebrauchspoesie
für viele Gelegenheiten 83

Nachwort 95

Vorwort

Am Anfang, heißt es, war das Wort,
da muss ich zweifelnd mit den Augen rollen.
Gab es doch noch keinen Ort,
an dem das Wort hätt' bleiben sollen.

Kein Haus, kein Wald, kein Feld, kein Meer,
denn alles war noch öd' und leer.
Kein' einzig' Kreatur mit Ohren,
das Wort als solches – schier verloren.

Das Wort schwebt durch die Ewigkeit,
ungehört, das tut mir leid.
Obdachlos durch Raum und Zeit,
ganz allein, nicht mal zu zweit!

Es war kein Mund da, der es sprach,
und niemand hört dem nicht Gesproch'nen zu.
Das ganze Wortgut lag noch brach,
es herrschte tiefe Grabesruh'.

Deshalb tue ich hier kund:
Ganz am Anfang war der Mund.
Und hat das erste Wort gesprochen:
Das große Schweigen war gebrochen.

Und das Wort – es ward gehört.
Die ew'ge Ruhe war gestört.
Seit dieser Zeit wird ungebrochen
gesprochen und gesprochen
und noch einmal gesprochen.

Das Wort fliegt her, das Wort fliegt hin
und bildet manchmal Sätze.
Gelegentlich haben sie Sinn;
doch nur selten, wie ich schätze.

Man kann es drehen, wie man will,
ganz ohne Worte wär' es still.
Ihr lieben Menschen, drum habt Acht,
benutzt die Worte mit Bedacht.

Zwischengemenscheltes

Ach ja

Der erste Blick, der erste Kuss,
das Herz schlägt im Dreivierteltakt.
Heute denk ich: so ein Stuss!
Was war ich damals so beknackt!

Der Wind streicht durch dein langes Haar,
ich bin gefesselt, fasziniert.
Ach, weißt du noch, wie's damals war?
Und heute bin ich tief frustriert.

Verführung

Die Frau kann einen Mann verführen,
das fällt ihr wirklich gar nicht schwer.
Erst darf er sie am Hals berühren,
und schon will er ganz viel mehr.

Da fällt er vor ihr auf die Knie,
schwört Liebe bis ans Lebensend'.
Neulich war'n 'se noch per Sie,
jetzt wird im gleichen Bett gepennt.

Am Anfang ist es orgiastisch,
man tastet nach geheimen Stellen.
Doch schließlich wird's Verhältnis drastisch
– versiegt sind alle Liebesquellen.

Ja ja

Mit einem Ja fängt alles an.
Man ist so voll Vertrauen.
Man glaubt, dass man jetzt alles kann,
darf lebenslang dran kauen.

Was damals hat so süß geschmocken,
was damals war so angenehm,
das wird nach Jahren knochentrocken,
und auch noch furchtbar unbequem.

Das Hochzeitskleid, es hängt im Schrank.
Es ist schon grau und löst sich auf.
Der Alltag macht mich alt und krank
— da trink' ich einen drauf.

Ich hab mal irgendwo gelesen —
oh, wie mich dieses Wissen plagt —
ob das jetzt alles sei gewesen.
Ach, Gott — wie die Enttäuschung nagt.

Mein Leben hab ich dir geschenkt.
Hab es in deine Händ' gegeben.
Und du, du hast mich nur gekränkt!
Drum nehme ich mir jetzt das Leben!

Du erbst die Rente samt dem Geld,
das Haus, das Auto und den großen Garten.
Du reist dann glücklich um die Welt!
Ich glaub', ich werde mit dem Selbstmord warten.

Liebesgedicht

Am Firmament die Sterne glänzen,
und ich lieg' in deinem Arm.
Für dich würd' ich die Arbeit schwänzen,
denn bei dir ist es schön warm.

Du bringst mir Kaffee an das Bett
und Brötchen dick mit Butter.
Du bist zu mir genauso nett
wie damals meine Mutter.

Du bist vertraut und doch so fremd,
nährst mich an deinem Busen.
Schäl' dich aus deinem Unterhemd,
lass uns noch einmal schmusen.

Dann sind wir inniglich umschlungen,
zurückgesunken in die Kissen.
Und als ich in dich eingedrungen ...
mehr braucht ihr nicht zu wissen!

Pech

Der Brautstrauß fliegt in hohem Bogen,
punktgenaustens auf dich zu.
Hättest zeitig dich verzogen,
du hättest heute deine Ruh'.

Stattdessen hast du ihn gefangen,
mit deinen Fingerchen umkrallt,
und du wartest voller Bangen:
Er möge kommen – und zwar bald.

Da steht er vor dir – groß und breit,
und du, du fühlst ein Schaudern.
Du weißt genau, jetzt ist's so weit,
fang an, mit ihm zu plaudern!

Doch deine Zunge, schwer wie Blei,
sie lässt sich nicht bewegen.
Dein Körper fühlt sich an wie Brei,
du kannst nicht überlegen.

Derweil du frierst und schwitzt und stammelst,
entschwinden die Gedanken.
Und während du dich krampfhaft sammelst,
fährt er noch einmal tanken.

Du wartest immer noch auf ihn,
weist ab Verehrerscharen.
Du gabst dich keinem and'ren hin,
und das seit 20 Jahren!

So geht's

Zwei treffen sich und sagen »JA«.
So was geschieht fast täglich.
Erst ist alles wunderbar,
doch langsam wird es kläglich.

Vergessen ist die Garantie
der Liebe bis ans Sterbebett.
Und sein Abschiedswort an sie:
»Wenn ich dich nie getroffen hätt'...«

Und wie die Schafe auf dem Felde weiden,
streitet's Traumpaar noch ums Geld.
Und lässt sich schließlich scheiden.
Tja, so ist sie, diese Welt.

Zwischentierisches

Der graue Trompeter

Kennst du das große, graue Tier
mit seinem langen Rüssel?
Unten hat's der Beine vier,
braucht zum Trinken keine Schüssel.

Barfuß stapft es durch den Wald,
so dass die Erde bebt.
Wird über hundert Jahren alt,
eh' seine Seele sanft entschwebt.

Doch vorher frisst es massenhaft
das frische Grün von Baum und Strauch.
Das gibt dem Tier 'ne Menge Kraft
und füllt ihm seinen großen Bauch.

Den leert es dreimal täglich aus
an gut versteckten Flecken.
Denn das Verdaute muss ja raus,
sonst tät das Tier verrecken.

Das Tier, das hat Musik im Blut,
des Nachts spielt's gern Posaune.
Doch niemand findet's richtig gut
und keinem macht es Laune.

Dem Tier indes ist das egal,
es schmettert voll aus tiefem Herzen.
Dass die Musik für and're eine Qual,
liegt an den schiefen Terzen.

Vögeleien

Die Amselfrau, die hat es fein,
sie sucht sich einen Amselmann.
Den lädt sie dann zum Essen ein,
damit sie mit ihm schnackseln kann.

Sie halten Hochzeit ohne Feier,
und dann wird flugs ein Nest gebaut.
Da rein legt Amselin die Eier,
im Wechsel wird danach geschaut.

Ob's stürmt, ob's schneit, ob's regnet dicke Tropfen,
die Amseln haben viel zu tun.
Sie müssen viele Schnäbel stopfen
und können kaum noch ruhn.

Zerfleddert ist das Federkleid,
das Amsellied verklungen.
Die Amseln tun mir wirklich leid,
gefüttert wird anstatt gesungen.

Doch schließlich zieh'n die Jungen aus,
jetzt sind sie endlich groß genug.
Sie stürzen aus dem Nest sich raus
zu ihrem ersten freien Flug.

Die Amseleltern sind gelassen,
die Trennung tut nicht weiter weh.
Noch kurz mal an den Flügeln fassen,
dann folgt ganz leise ein »Ade«.

Treiben

Ein Walfisch schwimmt durch's tiefe Meer.
»Wo geh ich hin? Wo komm ich her?«
Solche Fragen sind ihm fremd,
wenn er den Ozean durchkämmt.

Er ist einfach und freut sich seines Lebens.
Er tut einfach und gar nichts ist vergeben.
Er wacht, er schläft, er ruht sich aus.
Und springt vor lauter Lebensfreude
manchmal aus dem Wasser raus.

Das freut die Menschen, die das sehen
und dicht gedrängt an Backbord stehen.
Und auf dem Schiff denken die Leute:
»Ach, hätt´ ich solche Lebensfreude ...«

Dem Menschen jedoch fällt das schwer,
»Wo geh' ich hin? Wo komm' ich her?«,
so fragt er sich sein ganzes Leben.
Und über dieser Fragerei
wird manche Möglichkeit vergeben.

Kakadus Zufriedenheit

Der Kakadu sitzt ganz entspannt,
genießt die Abendstille.
Er ist kein' Meter heut gerannt,
und putzt jetzt seine Brille.

Damit sieht er in weite Ferne,
über's Meer zum Horizont.
So Dinge macht der Vogel gerne,
gekonnt ist eben doch gekonnt.

Was er wohl sieht? Wir wissen's nicht.
Er wird es auch nicht sagen.
Selbst, wenn uns heft'ge Neugier sticht:
Es nutzt auch nichts zu fragen.

Sardinen

Es war mal ein Sardinenschwarm,
der wollte flieh'n aus großer Not.
Und weil Sardinen meistens arm,
charterten sie ein kleines Boot.

Sie zwängten sich Schuppe an Schuppe,
die Flossen zerbeult, die Kiemen zerdruckt.
Dem Kapitän war das alles schnuppe,
den hat das überhaupt nicht gejuckt.

Er steuert in die See sein Boot
und knurrt ihm dort der Magen,
dann legt er sich 'ne Sardin' auf's Brot.
er konnt' das ja vertragen.

Am Anfang klangen noch fröhliche Lieder,
doch stiller wurd' es mit der Zeit.
Verhallt waren »Humbatäterä« und »Auf und nieder«
in des weiten Ozeans Ewigkeit.

Ach, hätten die Sardinen doch Zähne gehabt,
die hätten sie zusammengebissen.
Dann hätte das Durchhalten besser geklappt,
und das Ende wär' nicht so beschissen.

Doch Sardinen sind zahnlos
und leben im Schwarm.
Sie haben kein Moos,
sie sind halt arm.

Der Käpten hat sie bei der Fahrt –
Sie haben es erraten –
in der Sonne zart gegart.
Den Rest hat er gebraten.

Herings Selbstmord

Ein Hering schleicht durch Offenbach,
gebückt und furchtbar müde.
Gebeutelt von dem Großstadtkrach
kotzt er in eine Tüte.

Der Wilhelmsplatz gefällt ihm nicht,
den Flohmarkt kann er gar nicht leiden.
Denn aus normaler Heringssicht,
ist Offenbach bescheiden.

Schockiert ist er vom Frischfischladen,
da liegen zwischen hellem Brot,
eingelegt oder gebraten,
die Verwandten – alle tot.

Die Tränen sind ihm hochgeschossen,
und er traut seinen Augen kaum.
Nur mühsam hält er sich auf seinen Flossen,
und hängt sich auf am nächsten Baum.

Er zappelt dreimal mit dem Schwanz,
dann scheidet er aus seinem Leben.
Es war kein schöner Totentanz.
Ich glaub', ich muss mich übergeben.

Irrtum

Es war einmal ein kleiner Spatz,
der dacht', er könnt' nicht fliegen.
Da kam die große schwarze Katz',
und er blieb wie tot liegen.

Die Katz' verzog nur ihr Gesicht
und schlich beleidigt dann nach Haus'.
»Nein, tote Sachen fress ich nicht,
da fang ich lieber mir 'ne Maus.«

Der Spatz erhob sich vom bösen Traum
und schüttelte sein Gefieder.
Dann flog er in den nächsten Baum
und sprach: »Das mach ich nie mehr wieder.«

Der vierbeinige Patient

Der Maulwurf sitzt im Rollstuhl
und kriegt 'ne Infusion.
Er klingelt nach der Schwester.
»Ja, ja, ich komm ja schon,
ich bin gleich da, mein Bester.«

»Beruhigungsmittel, bitte sehr«,
hört man den Maulwurf flüstern.
Die Krankenschwester atmet schwer.
Sie wird schon wieder lüstern.

Die Schwester sieht den Maulwurf an
und krault ihn an der Nase.
Der Maulwurf stöhnt: »Oh Mann, oh Mann!
Jetzt platzt mir gleich die Blase!«

Doch die Schwester – ungerührt –
küsst den Maulwurf auf die Backen.
Währenddessen dieser spürt,
er muss ganz dringend kacken.

Die Schwester säuselt ihm ins Ohr:
»Oh, bitte, halt es noch zurück.«
Doch seine Augen quellen vor,
der Stuhlgang kommt an einem Stück.

Die Schwester ist im Liebesrausch,
sie hört nicht sein Gewimmer.
Sie will jetzt den Sekretaustausch –
das wollte sie schon immer!

Der arme Maulwurf atmet schwer,
sie reibt sich an dem Fell.
Die Infusion ist auch schon leer,
und Nachschub nicht zur Stell'.

Der Maulwurf stöhnt aus vollem Herzen,
die Schwester freut sich königlich.
Doch stöhnt er wegen seiner Schmerzen.
Die Schwester haucht: »Ich liebe dich.

Und daran ist doch nichts verkehrt«,
haucht sie ihm zart ins Ohr.
Worauf sich Maulwurfs Blase leert,
dann stöhnen sie im Chor.

Jedoch nicht aus dem selben Grund,
wie wir als Eingeweihte wissen,
hört die Moral aus meinem Mund:
Als Maulwurf krank sein ist beschissen.

Hähnchen

Ich gesteh', es musste sein:
Neulich las ich Kurzgeschichten
beim Geflügelzuchtverein
zur Erfüllung meiner Pflichten.

Da sah ich in den Freigehegen
stolze Hähne rumstolzieren.
Ich sah Hennen Eier legen,
sich an Hähnchen ausprobieren.

Die Federn glänzten in der Sonne
wie Silber, Gold und Edelstein.
Der Anblick war die reinste Wonne,
so ein unbeschwertes Sein ...

Und das melodische Gegacker
mit dem das Tier sich unterhält,
treibt wie 'ne Arie über'n Acker.
Ach, was für eine friedlich' Welt.

Die Henne lockt mit Gluckseton
ihren Nachwuchs aus den Ecken.
»Ja, ja, Mama, wir kommen schon,
wir spielen nur Verstecken.«

Und sie baden voller Lust
im feinen Sand vom Freigehege.
Der Hahn, er kräht aus voller Brust.
Das Huhn wacht über sein Gelege.

Dann dreht es sich in meinem Kopf,
Ihnen kann ich es verraten:
Ich sah das Federvieh im Römertopf.
Und in der Pfanne – schön gebraten.

Hähnchenschenkel – mariniert,
in Rotweinsoße schön gegart.
Haben Sie's schon mal probiert?
Ach, was ist das Fleisch so zart!

So stand ich da vor den Volieren
mit ständig wachsendem Verlangen.
Ich wollt' die Tiere gleich verzehren,
drum bin ich schnell gegangen.

Die Brieftaube

Ich hab' ein Brieflein dir geschickt,
mit einer weiß-blau-schwarzen Taube.
Du bist beim Warten eingenickt,
alldieweil ich ganz fest glaube:
Der Vogel hat sich schwer verirrt
und ist gelandet fern von dir.
Denn der Vogel war verwirrt.
Jetzt hast du keinen Brief von mir.

Du denkst, ich hätt' dich längst vergessen,
aus meinem Kopf komplett verbannt.
Doch bin ich von dir glatt besessen
und vor Verlangen fast verbrannt.

Drum schrieb ich dir die Liebesgrüße
auf 190 Gramm Papier.
Tausend Küsse für dich, Süße,
dann zugeklebt und ab zu dir.

Du sitzt jetzt traurig da und weinst,
und wirst dich furchtbar grämen.
Und ich wette, dass du meinst,
ich sollte mich was schämen.

Doch dazu gibt es keinen Grund,
ich hab dir ja geschrieben!
Hab dir geredet nach dem Mund
und schrieb, ich tät' dich lieben.

Hab dann die Taube losgeschickt
mit meinem Brief am linken Bein.
Wer weiß, wo dieses Mistvieh grade pickt,
und lässt dein Brieflein Brieflein sein.

Oh, hätt' ich's dir nur selbst gebracht,
persönlich dir gegeben.
Ich wär' gelaufen Tag und Nacht,
als ging es um mein Leben.

Doch der Zug ist abgefahren,
diese Chance ist verpasst.
Dass wir einmal glücklich waren,
du sicher längst vergessen hast.

Bin längst verbannt aus deinem Herzen,
bin für dich weder Schall noch Rauch.
Glaub' nicht, ich leide deshalb Schmerzen,
denn was du kannst, kann ich auch.

Heddernheims geheimer Alltag

Mulch

Neulich ist am Meeresstrand,
an der Stelle, wo ich stand,
ein Höhlenmulch vorbeigerannt.
Vielleicht hat seine Höhl' gebrannt.
Da flieht man – das ist längst bekannt.
Jetzt wird er nur noch Mulch genannt
und wohnt in fein gekörntem Sand.

Einzellers Eizelle

Ein Einzeller, der hat es gut,
er schwebt durch die Gezeiten.
Ist nie frustriert, hat niemals Wut
trotz endenloser Weiten.

Dort lässt er sich gelassen treiben,
er hat ja Zeit und muss nicht eilen.
Schmatzt er, gibt's Algenmus in Scheiben,
und nach dem Schmaus beginnt das Teilen.

Das macht er seit Millionen Jahren
endlos dauernd vor sich hin,
drum sind auch Millionenscharen
überall im Wasser drin.

Einzeller sind gescheite Wesen
und das ganz ohne Hände.
Der Einzeller – er kann nicht lesen!
Drum komm' ich jetzt zum Ende.

Besuch

Zuweilen stelle ich mir vor,
ich krieg Besuch von fernen Sternen.
Der Alien leiht mir dann sein Ohr,
er will was über Menschen lernen.

Ich kann ihm dann direkt erzählen,
unzensiert und wirklich offen,
wie mich die Gedanken quälen,
zwischen Bangen – und auch Hoffen.

Der Alien, er nickt nur stumm,
während ich die Welt erkläre.
Mitunter lacht er sich auch krumm,
ob meiner Worte Schwere.

Der Fremde kann sie nachvollzieh'n,
die Dummheit uns'rer Rasse.
Die rafft sich selbst ganz einfach hin,
was auch ich kaum fasse.

»Der kleine bläuliche Planet,
der könnt' so paradiesisch sein!
Aber das kriegt ihr nicht hin,
solang' euer Verstand so klein …«

Das spricht der Alien mit Bedacht,
dann trinkt er seinen Äppler aus,
bevor er aus dem Staub sich macht,
straks durch den Weltraum – bis nach Haus'.

Aufschwung

Neulich las ich im Morgenblatt,
dass der Aufschwung begonnen hat.
Das Wirtschaftswachstum wachse ständig,
der Optimismus sei unbändig.

Man schau' nach vorn' mit Zuversicht,
der gold'nen Zukunft ins Gesicht.
Der roten Zahlen Zeit zu Ende:
Das beste Zeichen für die Wende.

Gewinne seien hoch wie nie,
für die gesamte Industrie.
Man lasse dort die Korken knallen,
bevor die Aktien wieder fallen.

Die hocherfreulichen Bilanzen,
ließen die Milliarden tanzen
in die Kassen der Konzerne.
Das hört der Konzernchef sehr gerne.

Freude von Berlin bis Bonn.
Bloß wir – wir haben nichts davon.

Drama

Der Tetrapack hat es nicht leicht,
wenn er so durch die Straßen schleicht.
Er muss sich an Laternen lehnen,
zwei-, drei- bis viermal herzhaft gähnen
bevor er langsam weiterschreitet,
von einer Colados' begleitet.

Doch das nur bis zur nächsten Ecke.
Dort bückt sich jemand zu dem Zwecke,
die Coladose aufzuheben,
um nach dem Dosenpfand zu streben.
Und, wie soll es anders sein,
der Tetrapack – wieder allein.

Traurig schlurft er vor sich hin,
ohne Ziel und ohne Sinn.
Weiß nicht mehr, wohin sich wenden.
Herrgott, lass dieses Drama enden.

Lustig, traurig – wie auch immer!
Des Tetrapacks gequälte Seele
verschnürt mir's Herz und auch die Kehle.
Oh, Herr! Beende dieses Leid!

Was? Es ist noch nicht so weit?
Setz' ihn wenigstens auf 'ne Bank,
dann kann er wieder Kräfte sammeln
und später ziellos weitergammeln.

Doch die Bank war frisch gestrichen,
angeklebt der Tetrapack
und kurz darauf – verblichen.

Telefonat

Wer ruft mich an um diese Zeit?
Ich kann es gar nicht fassen!
Ich bin nicht da, es tut mir leid,
ich werd es klingeln lassen.

Geh ich dann nicht an's Telefon,
so bricht bald die Verbindung ab,
und es erstirbt der Klingelton,
weil ich nicht abgenommen hab'.

Wäre ich jetzt drangegangen
und hätt' gesagt: »Ja, Heddernheim«,
dann wär' ich im Gespräch gefangen,
doch so erstickte ich's im Keim.

Und das war gut so, wie ich meine,
denn bevor ich angebissen,
kappte ich die Festnetzleine,
durch die man mich sonst hätt' beschissen.

»Herr Heddernheim, wie alt sind Sie?
Was fahr'n Sie für 'nen Wagen?
Laufen Sie im Winter Ski?
Man darf doch wohl mal fragen!

Herr Heddernheim, was lesen Sie?
Und was liest Ihre Frau?
Spielen Sie auch Lotterie?
Wie oft pro Woche sind Sie blau?

Ich hätte da ein Angebot,
ganz exklusiv, für Sie allein!
Zwei Doppelzentner Knäckebrot
plus 17 Flaschen besten Wein.

Da staunen Sie, ich kann es hören.
Zu so etwas sagt man nicht Nein.
Ich will Sie nicht mehr länger stören.
Sie nehmen alles? Das ist fein.«

So oder ähnlich hört sich's an,
und das mehrmals pro Woche!
Wen wundert's, dass ich dann und wann,
vor Wut mal überkoche!

Sommer

Ach, ich wünsche mir so sehr,
der Sommer käme endlich her.
Blauer Himmel, Sonnenschein!
Ja, das fänd' ich wirklich fein.

Faul am Strand vom Weiher liegen,
langsam Hitzepickel kriegen,
Paddeln mit dem Paddelboot,
der Rücken ist schon feuerrot.

Im Schwimmring auf den Wellen wippen,
alles ohne umzukippen.
Tauchen, Plantschen, Schwimmen, Balgen,
in einer Brühe, braun von Algen.

Ach, schau! Dort treibt ein toter Hecht!
Sieht ganz so aus, als sei er echt.
Ein Wels schwimmt bäuchlings dort im Wasser.
Herrje, das wird ja immer krasser!

Schnell zurück geht's an den Strand,
da liegt 'ne tote Gans im Sand.
Und ein Frosch, ganz frisch verstorben,
geruchlos noch und unverdorben,
streckt alle Viere von sich weg
und liegt bewegungslos im Dreck.

Klitzekleine sanfte Wellen
nagen in die Sandburg Dellen,
die zuvor ein Kind gebaut,
das jetzt an einer Ente kaut,
die vor Tagen schon verblichen
und die Segel hat gestrichen.

Familienpicknick, dort am Baum,
kein Idyll – ein böser Traum!
Die Bäuche aufgebläht und rund
und alle haben Schaum vor'm Mund.
War es die Sonne? War's der See?
Egal! Auf jeden Fall tut's weh!

Und mein Sonnenbrand schmerzt stark,
da hilft jetzt auch kein Magerquark,
der auf den Schmerzquell aufgerieben,
gekühlt hätte bis früh um sieben.

Und außerdem – mein Magen zuckt.
Hab ich denn Seewasser geschluckt?
Achgottachgott! Mein Körper juckt,
vom Kopf bis zu den Sohlen!
Ach, Sommer, bleib mir doch gestohlen!

Wenn Wind wild wird

Ein Windhauch wächst zum Sturm heran
und rüttelt seither dann und wann
an Dächern, Fenstern und auch Türen,
was alle Hausbewohner spüren.

Dann zieht der Sturm mit Eile weiter,
schmeißt den Verputzer von der Leiter,
knickt hier und da ein Bäumchen um,
zieht weiter, kümmert sich nicht drum.

Strommasten hat er umgeblasen,
wie wir es in der Zeitung lasen.
Und weiter heisst's in dem Bericht:
Danach gab's überall kein Licht.

Ein Ruderboot hat er versenkt,
den Ruderer im See ertränkt.
Als wäre das noch nicht genug,
entführt er auch noch einen Zug!

Hat aus den Gleisen ihn gehoben
und auf die Autobahn geschoben.
Dort steht er jetzt, das sag ich Ihnen,
zum Fahren braucht er nämlich Schienen.

Der Sturm dreht ab in Richtung West,
gibt einem Campingplatz den Rest.
Überall geknickte Stangen,
und Planen, die in Bäumen hangen.

Dann stürmt er los in Richtung Süd,
ich glaub', jetzt wird er langsam müd,
als ob ich's nicht gerochen hätt',
er stürmt nach Haus und geht ins Bett!

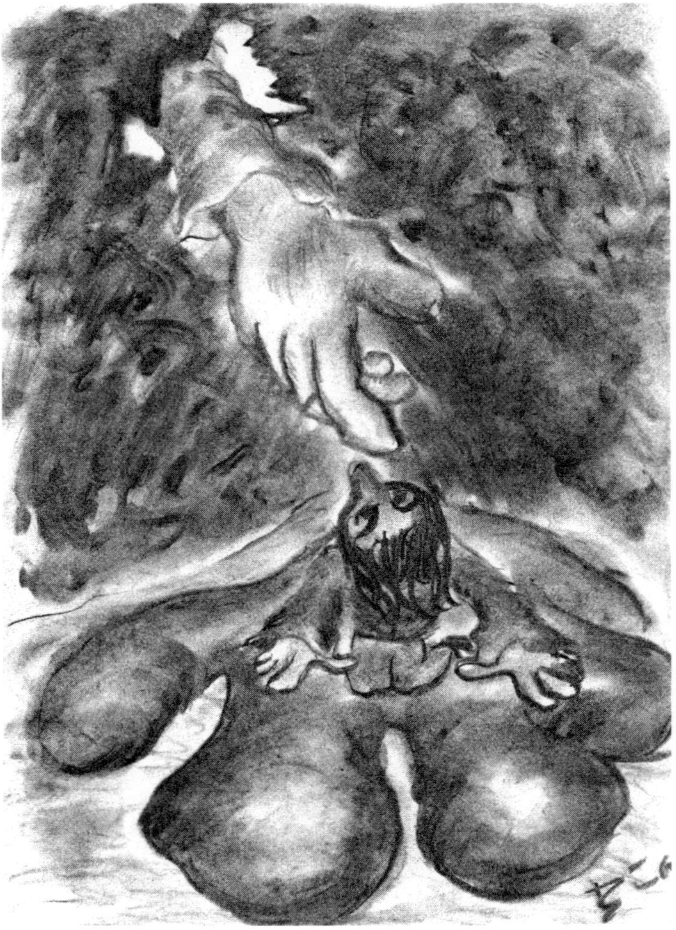

Abendgebete für Fünfzigjährige

Geburtstagsgedicht 1

Früher, da war alles toll:
Mein Haar gewellt und wirklich voll,
und wenn ich meinen Kopf gedreht,
dann sind die Locken mitgeweht.

Ich war so stolz drauf wie ein Pfau,
doch heute sind die Haare grau,
gelockt nur noch durch Dauerwellen,
es mehren sich die kahlen Stellen.

Mein ganzer Körper war schon straffer,
denn jetzt wird das Gewebe schlaffer.
Das Dekolletee wirft auch schon Falten,
gehöre ich jetzt zu den Alten?

Und meine Schenkel, einstmals prall –
Zellulitis! Überall!
Die Hüften, einstmals schön gebogen,
setzen Fett an – ungelogen!

Die Kurven, die die Welt betörten,
die Kurven, die einst mir gehörten,
die hat das Alter mir gestohlen
(in diesem Fall warn's nicht die Polen).

Doch mein Arzt machte mir Mut.
»Ach«, sprach er, »sie haben's gut.
Ihr Gedächtnis wird schon schwach,
und eines Tages wer'n sie wach,
erinnern sich an gar nichts mehr,
ab dann ist's Leben nicht mehr schwer.«

Geburtstagsgedicht 2

Eine Karte kam von dir
zu meinem letzten Wiegenfest.
Du schriebst: »Ich trink auf dich ein Bier
und auch auf deinen Lebensrest.
Das kann ja so viel nicht mehr sein,
ich weiß, du siehst das nicht ganz ein,
denn du rauchst und trinkst zu viel.
Du denkst, das Leben sei ein Spiel,
bei dem nur eben der besteht,
der nach viel Wein noch aufrecht geht.

Doch, mein Freund, das ist nicht richtig,
der Wein vernebelt das, was wichtig!
Er führt dich zwar in and're Welten,
wo ganz and're Regeln gelten.
macht dich zwar glücklich, froh und offen,
im Endeffekt doch nur besoffen.

Und dazu dann die Selbstgedrehten,
die and're niemals rauchen täten,
du ziehst sie dir genüsslich rein
und hinterher ein Gläschen Wein.

Wer so an Wein und Kippe klebt,
hat großes Glück, dass er noch lebt.
Ich sprech' es aus – auch wenn's dich quält:
Deine Tage sind gezählt.
Trotzdem gratuliere ich,
ein Gruß von deinem Friederich.«

Die Karte hat mich aufgewühlt,
mit Wein hab ich sie weggespült,
hab mir ein Schnäpschen noch gegeben
und hab getrunken auf MEIN Leben.

Geburtstagsgedicht 3

Heute ist dein großer Tag.
Du wünschst, dass er nicht enden mag,
so schön ist es mit all den Gästen,
die sich dort am Buffet mästen,
ganz kostenlos – zum Nulltarif
und dazu 'nen Aperitif.

Und Wein und Sekt und Schnaps und Bier,
erst eins, dann zwei, dann drei, dann vier.
Denn ihre Kosten von Geschenken
wer'n kompensiert mit den Getränken.

Nimmt man vom Buffet noch was mit,
dann macht man einen guten Schnitt.
Du schweigst, denn für die lieben Gäste
will man immer nur das Beste.

Es wird gelacht, getanzt, getrunken,
manch einer ist schon hingesunken.
Auf dem Boden Rotweinflecken,
Speisereste in den Ecken,
Flaschen, die von Geisterhand,
zerschellen an der Backsteinwand.
Und da drüben – eieiei –
beginnt die erste Schlägerei.

Heißa, jetzt kommt Stimmung auf,
auch du selbst kriegst eine drauf.
Mit einem Stuhlbein, feig' von hinten.
Du fühlst, wie dir die Sinne schwinden,
wie du das Gleichgewicht verlierst,
während du noch ausprobierst,
dir einen Landeplatz zu suchen —
es ist der Tisch mit all den Kuchen.

Ja, sie ist ganz gut geworden,
die Landung in den sieben Torten,
doch der ganze Tisch, er bricht,
obwohl du gar kein Schwergewicht.

Die Gäste mussten dich erst suchen,
im Matsch aus all den feinen Kuchen.
Die Gäste ham' dich nicht gesäubert,
dafür den Kühlschrank ausgeräubert.
Sie ließen dir nicht einen Rest!
Ach ja, es war ein schönes Fest ...

Geburtstagsgedicht 4

Fünf Jahrzehnte sind zerronnen,
als das Leben einst begonnen,
da wolltest du erwachsen sein,
denn du dachtest, das sei fein.

Autofahren, Rauchen, Trinken,
mit einer Frau ins Bettchen sinken.
Geld verdienen, konsumieren,
sich jeden Morgen frisch rasieren.
Das erschien wie großes Glück,
nicht geschnitten, nur am Stück.

Doch du bekamst's nur scheibchenweise,
blickst heut' zurück auf all die Scheiße,
beißt dir vergrämt auf deine Zung':
»Ach, wär ich doch noch einmal jung.«

Oh ja, dem Menschen geht es schlecht,
denn was er ist, ist ihm nicht recht.
Obwohl's recht putzig ist hienieden,
der Mensch scheint niemals ganz zufrieden.

Egal, was ist, er hadert immer,
und dadurch wird sein Elend schlimmer.
Ach ja, der Mensch, er leidet arg,
von der Wiege bis zum Sarg!

Abendgebet einer Fünfzigjährigen

Herr im Himmel, hör mir zu,
gönn' mir eine Nacht mal Ruh'.
Ich wünsche mir aus tiefstem Herzen,
zu schlafen ohne Rückenschmerzen.

Und lass mich in der Tiefschlafphase
nicht leeren müssen meine Blase.
Ich weiß, zuweilen muss das sein,
doch schlaf ich dann nicht wieder ein.

Ich wälz' mich hin und roll' mich her,
mein Körper wird gar furchtbar schwer.
Und ich sag dir, Gottes Sohn,
dieses war er vorher schon.

Warum willst du mich so quälen?
Um meinen Willen nur zu stählen?
Nein, mein Freund, das glaub ich kaum.
Komm, send' mir einen schönen Traum.

In dem ich jung und schlank und rank,
anstatt schon fünfzig, alt und krank!
Komm, Weltenschöpfer, und zeig Güte!
Gib' mir zurück die Lebensblüte!

Die Zeit des Schmetterlings im Bauch,
die Zeit der ersten Liebe auch.
Die zweite hab ich auch genossen,
ich habe ihn zwar dann totgeschossen.
doch damit wird er leben müssen,

denn schließlich hat er mich beschissen,
mit meiner Freundin noch dazu
– auch erschossen, jetzt ist Ruh'.

Und auch die siebzehn Jahre Knast,
die du mir dann verordnet hast,
die hätte ich jetzt gerne wieder!
Sonst mach' ich dich als Schöpfer nieder!

Du stiehlst mir meine beste Zeit
und grinst derweil noch richtig breit.
Doch wart' nur, bis ich vor dir steh',
ich prophezeie: Weh', Weh', Weh'!

Dein Himmelreich wird umgegraben,
statt weißer Tauben nur noch Raben!
Die picken dir die Augen aus,
dann siehste nix mehr – aus die Maus!

Und mit den glühend roten Kohlen
werd' ich dir den Arsch versohlen.
Dann, auf der Streckbank angekettet,
woll'n wir seh'n, wer dich noch rettet!

Wer's versucht ist einerlei,
keiner kommt an mir vorbei.
Da rollen Köpfe, fallen Glieder,
abgeschnitten immer wieder.

Die Furie tobt im Himmelreich,
macht alles dem Erdboden gleich!
Also, Schöpfer, wie sieht's aus?
Bist du ein Mann oder 'ne Maus?
Erfüll' mir nur das, was ich will,
schon bin ich mucksmucksmäuschenstill.
Erzähl auch keinem von mei'm Wunsch,
komm doch vorbei auf einen Punsch.
Wir trinken, bis wir einig sind,
mit Gruß von dei'm Geburtstagskind.

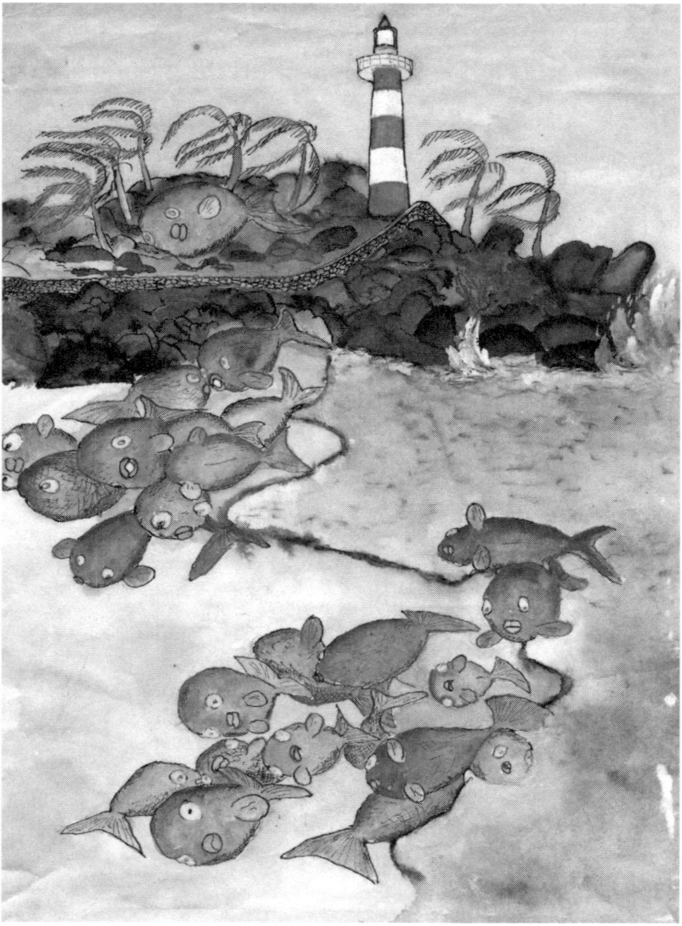

Reisen bildet

Reisen bildet

Der Moslem geht in die Moschee.
Der Hindu in den Tempel.
Der Hesse geht ins »Weiße Reh«,
trinkt täglich dort sein' Bembel.

***

In Indien sind die Ochsen heilig.
Ach, was ist das Land so schön!
Denn hierzulande sind die Ochsen
weit weniger gut angeseh'n.

***

Der Spanier spricht, dort wo er lebt,
meist Spanisch zu den Seinen,
bis ihm die Zung' am Gaumen klebt
von schweren, roten Weinen.

***

Der Finne schmort im kleinen Schuppen
in Wasserdampf mit Pinienduft.
Dort schwitzt er meist bis in die Puppen,
und stürzt dann in die kalte Luft.

***

Der Däne trinkt gern Aquavit,
besonders, wenn der Wind stark weht.
Da trinkt manch andrer Däne mit,
weswegen er in Schlangenlinien heimwärts geht.

***

In einer Höhle vor Stockholm
wohnt ein alter Grottenolm.
Der kann dir deine Zukunft sagen,
musst nur die rechte Frage fragen.
Weißt du die rechte Frage nicht,
dann macht der Olm den Laden dicht.

***

In Lissabon, da war ich letzt,
dort hab' ich meine Uhr versetzt.
Hab' den Erlös pompös verprasst
und meinen Rückflug glatt verpasst.
Das macht mir aber gar nix aus –
Viele Grüße, aus die Maus!

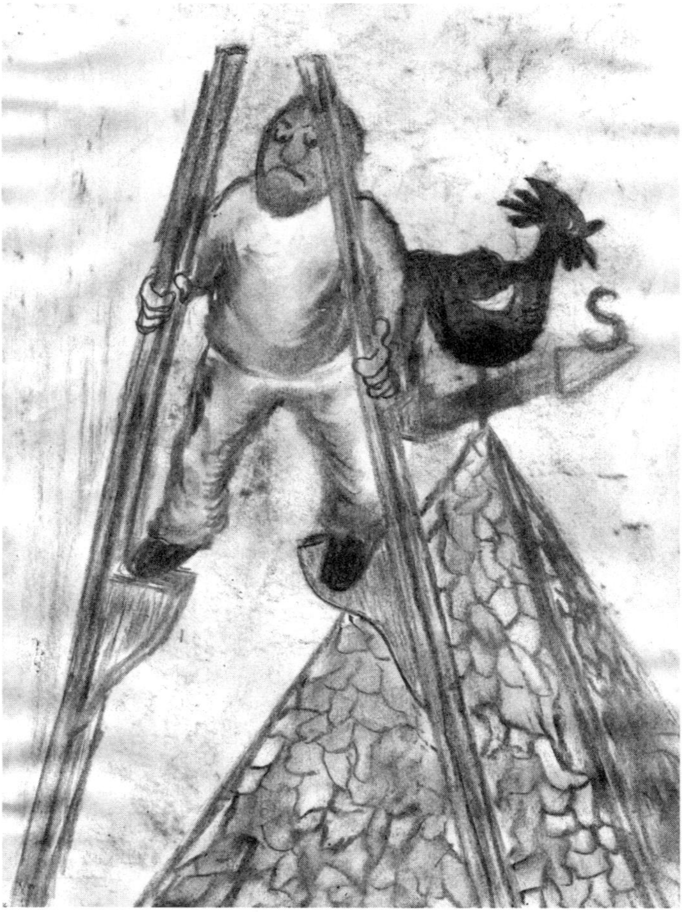

Heddernheims Regionalitäten

Platz des Friedens

Am Platz des Friedens steht ein Schwan
und sieht sich all die Kneipen an.
Pizza hier und Schnitzel dort,
zum Teufel mit dem Schweinemord.

Doch unterm Friedensdenkemal
ist es dem Kneipengast egal,
dass das Schnitzel einst lebendig,
rosafarben, nicht sehr wendig,
eher mager, nicht sehr fett,
was man merkt am Kotelett.

Und als serviert wird Putenbrust,
verliert der Schwan komplett die Lust.
Statt bis zum Obertor zu gehen
und sich die Altstadt anzusehen,
macht er auf seinem Schwimmfuß kehrt
in Gassen, die gepflastert, nicht geteert.

Traurig läuft er Schritt für Schritt
und die Enttäuschung, die läuft mit.
Abwärts Richtung Maintor hin
und zweifelt an des Lebens Sinn.

Der Mensch verspeist die Tiere gern.
Mitgefühl? Das ist ihm fern.
Wichtig ist nur, dass er satt
und einen vollen Magen hat.
Und die Enten leiden Not:
Am Main herrscht Fütterungsverbot!

Der TOTE Arm

Einst floss der Main in elegantem Bogen
an Steinheims Schloss vorbei gen Westen.
Doch der Main ist umgezogen.
Das war nicht wirklich zu sei'm Besten.
Riesengroße Baggerzähne
gruben ihm 'ne neue Spur,
damit die Flussschiffkapitäne
nicht behindert auf der Tour,
zum Transport der Warenfülle.
Das muss man sich mal denken!
Der Altmainarm stinkt jetzt nach Gülle,
der Käpten braucht kaum noch zu lenken.

Karl-August-Berg

Damals, als die Winter kalt
und regelmäßig Schnee gefallt,
da wurd' auf den hölzern' Schlitten
den Berg hinab ins Tal geglitten.

Auf dem Rücken, auf dem Bauch,
zu zweit, zu dritt, denn das ging auch,
so ging es flugs den Hang hinunter,
wer nicht Acht gab, der fiel runter,
und kullerte ganz einfach so
den Hang hinunter, auf dem Po.

Der Schnee, der anfangs pulvrig weiß,
wurd' schnell zu spiegelglattem Eis.
Das ließ die Schlitten schneller sausen
und bis zum Hellenbach hin brausen.
Wer davor nicht kam zum Stehen
der musste da drin baden gehen.

Da war das Rodeln dann zu Ende,
gefroren waren Füß' und Hände.
Da gab's nur eins: Ganz schnell nach Haus,
vorm Herd rasch die Klamotten aus
und neue an, alle ganz frisch,
Mama schimpft vom Küchentisch:
»Ach, Kerle, Bub, wie kannste nur ...«

Doch von Reue keine Spur
sehr spannend war's und richtig geil,
denn der Karl-August-Berg war steil.
Ach, ja, ich denke manchmal dran.
Heut ist dort eine Autobahn.

Die Blechhütt'

Am Steinbruch stand ein Wellblechhaus,
da trug man manchen Schoppen raus,
leerte ihn auf der Terrasse
mit Blick auf Karpfen, Hecht und Brasse,
die im See die Kreise zogen.
Ja, so war es, ungelogen!

»Ei, Heiner! Komm und setz dich bei.«
»Ei, Wilhelm, gern, ich bin so frei.«
»Was meinst du, ob die Turnerschaft
den erste Ligaplatz noch schafft?«

»Ja, ich glaub, das könnte geh'n,
die Abwehr muss nur besser steh'n.
Die haben Dinger durchgelassen,
ich sag dir, das war nicht zu fassen.
Und ganz im Ernst: Selbst in dem Sturm,
da steckt von Zeit zu Zeit der Wurm:
Drei Vierzehn-Meter neben dran!
Da fängst du doch dann wirklich an
und machst dir ernsthafte Gedanken,
warum die Handballbuben wanken.«

»Vielleicht ist uns're Zeit vorbei.
Naja, mir ist es einerlei.
Weiß ich es doch schon von ganz Vielen:
Die woll'n dort lieber Tennis spielen.«

»Was? Auf unser'm Handballfeld?
Das kostet doch auch 'nen Haufen Geld!«
»Das ist halt gestern so wie heut:
Wo's lang geht, sagen andre Leut.«

»Was wäre, wenn ich das nicht wollt?«
»Nix! Komm, wir trinken noch ein Steinheimer Gold.«
»Und zu dem Sonntagmorgendurst
passt eine Platte Hausmannswurst!«

»Weißt du was? Da hast du Recht,
die Idee ist gar nicht schlecht.«
»Ich bestell' schon, du bleib hier.«
»Ach, mein Freund, ich danke dir ...«

So saßen sie von früh bis spät,
bis dann die Sonne untergeht,
verpassten gar – Sie dürfen raten –
zu Haus den sonntäglichen Braten.

Die »Blechhütt« heut niemand mehr kennt,
denn sie ist weg – samt Fundament.

Von Eulen und Falken

In Steinheim steht der Turm vom Schloss.
Da wohnt eine Eule drin.
Sie wohnet nicht im Dachgeschoss,
da fliegt sie nur ungern hin.

Sie hat sich tiefer eingenistet,
den Turmfalk dort glatt überlistet,
der ihr das sehr, sehr übel nahm
und deshalb nie mehr wieder kam.

Er wollt' ins Rathaus rüberflattern,
ein Visum für »Klanaam« ergattern.
Er hat ein Domizil gefunden
und dreht dort seither seine Runden.

Nun ja, es geht ihm gar nicht schlecht,
doch in der Nachbarschaft, der Specht,
der hämmert Löcher in den Baum,
und das zerstört des Tumfalks Traum.

Denn durch den Lärm an seinem Bau,
findet der Turmfalk keine Frau,
die sich an seinen Federn reibt
und danach etwas länger bleibt.

Die Eul' im Schloss ist besser dran,
sie hat seit läng'rer Zeit 'nen Mann.
Man sagt, sie sitze schon auf Eiern,
vielleicht gibt's dort bald was zu feiern.

Derweil der Turmfalk recht frustriert,
sein schönes Federkleid verliert.
Er sollte jetzt mal in sich gehen
und neue Perspektiven sehen!

Sonst wird er Futter für den Kater,
meinte jüngst erst sein Psychiater.

Frühlingsgefühle

Im Wildpark an der Ortschaftsgrenze
gibt es jedesmal zum Lenze
Unruh' in den Stallungen,
wo frühlingshafte Wallungen
ergreifen jede Kreatur
mit Sexualhormonen pur!

Die Ziege, die sonst eher spröde,
find't plötzlich das Alleinsein öde.
Sie schielt nach dem gehörnten Mann
und fragt sich, ob der wohl noch kann.
Mit all ihrer Verführungskunft
bringt sie den alten Bock zur Brunft.
Er hat sich dann auf sie gewuchtet,
und schon war die Zieg' befruchtet.

Das Wildschwein, das den Grund durchwühlt,
im Frühjahr auch Gefühle fühlt.
Mit einem eingeübtem Heber
stürzt sich ein trainierter Eber
auf eine Sau, die erstmals willig;
die Alimente wer'n nicht billig!

Das macht dem Eber keine Qualen,
der Förderverein wird schon zahlen
und außerdem, 's ist kein Gewitzel,
zahlt's Schwein zurück – mit seinem Schnitzel.

Der Damhirsch macht die Augen zu
und ignoriert die Damhirschkuh,
die von dem Treiben angesteckt,

dem Damhirsch zart die Nüstern leckt.
»Wir sind im Herbst erst wieder dran«,
meint er, weil er jetzt grad nicht kann.

Doch sie spürt, weil sie nicht trächtig,
das Frühjahr richtig übermächtig.
Weil der Damhirsch nicht recht will,
wird die Hirschkuh langsam still.
Sie zieht sich ins Gebüsch zurück,
versucht mit Meerschweinchen ihr Glück.
Denn sie hat irgendwann gelesen,
ist zwar schon etwas her gewesen,
dass diese kleine Kreatur
zum Akt bereit – rund um die Uhr.
Das Meerschwein musste leider passen:
Die Hirschkuh, sie war nicht zu fassen.
Weswegen sie, komplett frustriert,
zum Damhirschmann zurückmarschiert.
Der aber hat sie nicht beachtet,
sie wurde krank und dann geschlachtet.

Als das Leben war enteilt,
wurd' das tote Tier zerteilt.
Es fand seine letzte Ruhe
im Eise einer Tiefkühltruhe.

Sie mögen entäuscht sein und ausrufen: »Oh!«
Doch manchmal ist der Frühling so.
Er ist nicht gut, er ist nicht schlecht,
zuweilen halt mal ungerecht.

Wohlfahrts Vollmilch

Bei Wohlfahrts gab's die Milch ganz frisch,
wir holten sie in Kannen.
Manchmal mein Bruder, manchmal ich.
Und manchmal gab es Pannen.
Das muss ich Ihnen jetzt erläutern,
damit Sie das auch recht kapieren.
Wir ließen dann die Kannen schleudern,
um die Schwerkraft zu probieren.
Meistens ist es gut gelaufen.
Die Milch blieb dort, wo sie grad war.
Doch manchmal stolpert man beim Laufen,
schon floss die Milch über's Trottoir.

Heimers Weißbrot

Bei Heimers wurde Brot bestellt.
Stangenweißbrot, frisch und warm.
Das kostete nur wenig Geld,
wurd' heim getragen unterm Arm.
Vom frischen Brot der gute Duft
machte alleine nicht recht satt.
Er erfüllte die Luft,
weshalb man reingebissen hat.
Und dann war das Brot beschädigt.
Ach, was sag ich nur zu Haus?
Fällt mir nichts ein, bin ich erledigt!
Ach ich sag, es war 'ne Maus!

Der Laubfrosch

Es war dereinst am »Rabenstein«,
da fingen wir den Laubfrosch ein,
den steckten wir dann in ein Glas,
Sie glauben nicht, was der Kerl fraß!

Täglich fingen wir ihm Fliegen,
die konnten wir ganz einfach kriegen.
Wir hatten Hühner und auch Hasen,
die Fliegen folgten ihren Nasen,
und wir nutzten den Moment
des Mittagsmahls am Exkrement.

Mit einem Stock 'nen leichten Schlag,
die Flieg' betäubt für'n Rest vom Tag,
dann ging es ab in's Laubfroschglas,
wo der Laubfrosch lauernd saß.

Doch dann, bei nämlicher Aktion
– ja ja, ich glaub, Sie ahnen's schon –
ist der Laubfrosch rausgehupft,
denn der Deckel war gelupft.

So haben wir den Kerl gejagt,
über'n Hof, ganz unverzagt.
Und bei der Jagd – es ist kein Schmus –
verscheidet er unter 'nem Fuß!
Der Frosch verlor sein junges Leben,
blieb einfach an der Sohle kleben!

Pech gehabt

ER schuf die Welt und wollt' nicht geizen,
versah jeden Flecken mit ganz vielen Reizen.
Fast jedes sonnenwarme Land
bekam 'nen schönen Badestrand.

Für Bayern bastelte er Berge,
Schneewittchen kriegte sieben Zwerge.
Er schickte Flüsse durch die Täler,
manche breiter, manche schmäler.

Er schuf den großen Regenwald,
dort war es warm – woanders kalt.
Mit Schnee bedeckt ein Kontinent,
wo über's Eis der Eisbär rennt.

Agra kriegt das Taj Mahal,
Paris den hohen Turm aus Stahl.
Pyramiden in den Sand,
ein anderes, entferntes Land.

Und mit ganz viel Feingefühl
bastelt er ein Dachgestühl
für die Kirche der Wallonen,
die lange schon in Hanau wohnen.

In Steinheim baute er ein Schloss,
recht bescheiden, nicht sehr groß,
mit einer Mauer drum, die schützt,
was denen draußen gar nichts nützt.

Der Globus wurd' ganz wunderbar,
für Klein-Auheim war halt nix mehr da.

Maintor

Hast du dir mal überlegt,
warum das »Maintor« den Namen »Maintor« trägt?
Der Main, der kommt dort doch gar nicht hin,
das heißt, der Name macht kein' Sinn.

Noch dazu geht es bergauf,
seit wann fließt Wasser Berge 'rauf?
Wer hat denn jemals schon geseh'n,
dass in der Altstadt Fluten steh'n?

Niemand, möcht' ich hier mal sagen!
Selbst wenn wir die Senioren fragen:
Gedankenvoll zieh'n dann die Alten
ihre Denkerstirn in Falten,
kramen in Erinnerungen,
wie sie als Junge rumgesprungen,
Hochwasser? Das hat's gegeben
in einem doch recht langen Leben.

Als es abfloss, was nicht schlecht,
blieb auf den Wiesen mancher Hecht
in seiner Pfütze schlicht gefangen,
da brauchte man nur hinzulangen
und, Sie haben es erraten:
Erbeutet war der Sonntagsbraten.

Doch in die Altstadt eingedrungen
und das Fachwerk dort verschlungen,
das haben des Mains Wassermassen,
bislang tunlichst bleiben lassen.

Nicht mal bis zu des Maines Tor
drang die Überschwemmung vor.
Ja, manchmal kam's bedrohlich nah,
was man dann mit Besorgnis sah.

Doch der Main, er machte schlapp,
so floss das Wasser wieder ab.
Hat's nie zur Altstadt hochgeschafft,
denn dazu fehlte ihm die Kraft.

Wenn jetzt die Pole wirklich schmelzen
– Klein-Auheims Bürger brauchen Stelzen –
geht es dem Steinheimer noch fein
bei Handkäs' und bei Apfelwein.

Denn Steinheim auf 'ner Anhöh' liegt,
wo keiner nasse Füße kriegt.
Doch was mich nach wie vor bewegt:
Warum das »Maintor« den Namen »Maintor« trägt.

'Nen Steinheimer hab' ich gefragt,
der hat mir Folgendes gesagt:
»Horch zu, Bub, des war früher mal.
Wann? Das ist doch mir egal.

Wichtig ist nur, dass du's weißt,
dass das Maintor Maintor heißt.«
Sprach er Wahrheit? Sprach er Lügen?
Egal, die Antwort muss genügen.

Gründaustadt

Dort, wo der Fuß des Spessart steht,
die Sonne dauernd untergeht,
der Staude-Weck gebacken wird,
und Glas, wenn's hinfällt, lautstark klirrt,

dort, wo die Kinzig mäandriert,
sich schließlich in der Au verliert,
bevor sie in den Main sich stürzt
und ihn mit Kinziggülle würzt,

dort, wo der Bauer Wiesen mäht
und hier und da ein Hahn noch kräht,
wo Rentner in der Sonne sitzen,
Beamte in den Stuben schwitzen,

wo Jäger auf die Hasen schießen,
im Vorgarten die Blumen sprießen,
wo Flieger über Dächer dröhnen,
uns unser Gehör verwöhnen,

wo kräftig die Gebühren steigen,
und alle Bürger dazu schweigen,
wo Handkäs' noch wie Handkäs' schmeckt,
nach dem man sich die Lippen leckt,

dort, wo noch gilt als Mann,
der schnell am meisten trinken kann,
dort, wo der Fluss sein Bett verlässt,
und mehr als einen Keller nässt,

wo Kettensägen Linden killen,
und Mütter ihre Kinder stillen,
dort, wo man oft im Regen steht,
wo immer was daneben geht,

wo Hunde auf den Gehweg kacken,
und Mamas samstags Kuchen backen,
dort, wo man in die Kirche geht,
bevor es Bratendüfte weht,

wo Stammtischbrüder unverhohlen
schwingen neue BILD-Parolen,
wo Tropfen aus den Wolken fallen,
und kräftig auf die Dächer knallen,

wo Turmuhren die Stunden schlagen,
während sich die Menschen plagen,
wo Hügel sich an Täler schmiegen
und manche Kühe Kälbchen kriegen,

wo Tauben tot vom Himmel fallen,
und Besoff'ne nur noch Lallen,
dort, wo man was zu Lachen hat:
Das ist Selbold, Gründaustadt.

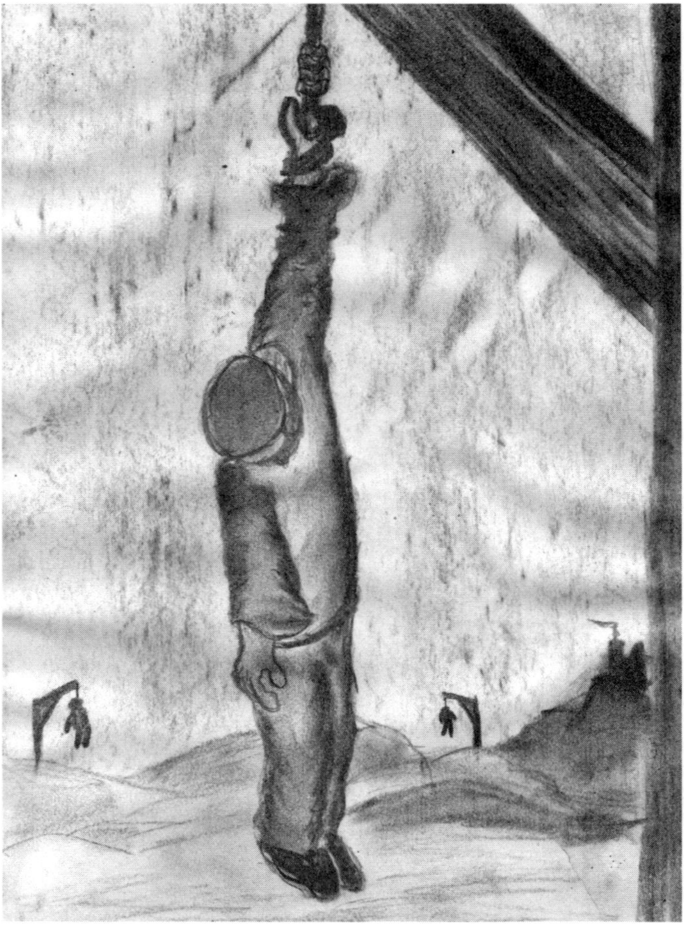

Gebrauchspoesie
für viele Gelegenheiten

Neujahrsgrüße

Mit Raketen totgeschossen
liegt das alte Jahr begraben!
Und am jungen Neujahrshimmel
kreisen schon die schwarzen Raben.

***

Böller platzen in der Luft,
die Nacht ist voll mit Pulverduft.
»Prost Neujahr!«, ruft man sich noch zu,
und dann herrscht wieder Grabesruh'.
Doch später geht für Klein und Groß
der alte Wahnsinn wieder los.

***

Das Jahr hat würdig abgedankt,
weil es an Altersschwäch' erkrankt.
Das neue steckt im Kinderschuh,
läuft gradwegs auf Dezember zu.
Ganz ohne Pause auf der Piste!
Dezember rum! Ab in die Kiste!

***

Das alte Jahr, es ist gegangen.
Und wir? Wir bleiben hier gefangen.
Das neue Jahr wetzt schon die Krallen,
auf dass wir ihm zum Opfer fallen.
Zwölf Monat' Zeit wird es uns geben.
Ich wünsche, dass wir's überleben.

***

Aus Flaschen sturzbachartig fließt –
Sekt! Weil jemand Sekt eingießt.
Egal jetzt, wie das alte war –
wir trinken auf das neue Jahr
und trösten uns von Sekt benommen:
»Es kann nicht mehr viel schlimmer kommen …«

Geburtstagsgrüße

Der Mensch, er altert unermüdlich,
das findet er meist ungemütlich.
Doch das ist halt der Lauf der Dinge,
weshalb ich »Happy Birthday« singe.

***

Gell, das hätt'ste nicht gedacht,
dass Altern so viel Freude macht.
Und bis du endest auf der Bahre
wünschen wir noch viele Jahre!

Bevor ich dir 'nen Kuchen back',
mein lieber guter alter Sack,
hab ich 'nen Schampus dir gekauft
– und leider auch schon ausgesauft!

***

Neulich hat die Sonn' geschienen,
die Luft war voller Duft und Bienen.
Da habe ich im Park gesessen,
und dein' Geburtstag glatt vergessen.
Erst als ich in der Wohnung steh'
und die verwelkten Rosen seh',
da ist's mir wieder eingefallen:
Geburtstagsgrüße von uns allen!

***

Deine Wohnung ist schon voll,
drum verzicht' ich auf Geschenke.
Find dich ab und find es toll,
dass ich heute an dich denke.

***

Das Dumme an vergangnen Jahren:
Man kann sie auf kei'm Konto sparen.
Drum blicke stets mit Heiterkeit
auf deinen Berg vergang'ner Zeit.
Freu dich auf das, was vor dir liegt,
weil irgendwann die Zeit versiegt.

***

50 Kerzen auf dem Kuchen
sind weiß Gott kein Grund zu fluchen.
Fang doch an, über die Runzeln
dreimal täglich breit zu schmunzeln.
Denn das Geheimnis von uns Alten:
Vom Lachen kommen uns're Falten.
Denk nicht so oft, wie's früher war,
das Hier und Jetzt ist wunderbar.

Urlaubsgrüße

Am kilometerlangen Strand
liegt zentnerweise weißer Sand.
Hier lassen wir uns gerne fallen
– viele Grüße von uns allen.

***

Ich habe Durchfall und Erbrechen,
'nen Sonnenstich trotz Sonnenhut,
ich werd' mich für den Urlaub rächen!
Ansonsten geht's mir aber gut!

***

Die Brieftasch' hat man mir geklaut,
mein Urlaub ist schon jetzt versaut.
In meinem Zimmer wohnt 'ne Maus,
ansonsten ist's hier wie zu Haus.

***

Hier regnet's ohne Unterlass,
die Klamotten – alle nass.
Mein Zimmer ist ein Swimmingpool.
Aber, Leute, ich bleib cool.

***

Vom Kreuzfahrtschiff die Stewardess,
die hat sich heut' in mich verliebt.
Ich geh das an, ganz ohne Stress,
mal sehen, was sich so ergibt ...

***

Heut' haben wir Kultur genossen,
ach, was war das interessant.
Und dann hat wer auf uns geschossen
– da sind wir einfach weggerannt.

***

Hier herrscht grad eine Mückenplage,
schöne Landschaft – keine Frage,
diese können wir nicht sehn,
weil wir nicht oft nach draußen gehn.

***

Grüne Hügel, sanfte Hänge,
ganz viel Platz statt Großstadtenge!
Und dann die florale Fülle!
Leider stinkt es hier nach Gülle.

Gestern stürzte meine Alte
in eine tiefe Gletscherspalte.
Ich höre jetzt noch ihr Gewimmer.
Hab umgebucht – auf Einzelzimmer.

***

Seid gegrüßt vom Ballermann,
denn hier wird nur getrunken.
Und wenn man nicht mehr trinken kann,
wird einfach hingesunken.

***

Urlaubsgrüße aus dem Warmen
bringt die Post euch heut' ins Haus.
Ich kann nur sagen: Ach, ihr Armen,
und grüßt mir auch den kleinen Klaus!

***

Ach, ich liebe Meer und Strand,
wäre da nicht dieser Sand.
Der kriecht mir rein in alle Ritzen
und bleibt gemütlich dann dort sitzen!

***

Weit kann man schaun vom hohen Berge,
die Menschen wirken klein wie Zwerge,
der Blick geht über grüne Auen,
nur Nebel kann den Blick versauen.

***

In Rio steht der Zuckerhut,
der heißt nur so und schmeckt nicht gut.
Es ist der Cocktail, der dort schmeckt,
nach dem man sich die Lippen leckt.

***

Im Sand, da stehen Pyramiden,
in einem Land in Richtung Süden.
Davor stehen staunend Leute,
Gestern, Morgen, und auch Heute.

Weihnachtsgrüße

Der Karpfen in der Badewanne
zieht den letzten großen Kreis,
bevor er landet in der Pfanne,
was der Karpfen sehr gut weiß.
So ist es halt am Weihnachtstag,
die Fische überleben kaum,
weil der Mensch gern Karpfen mag,
am liebsten unterm Weihnachtsbaum.

***

Vier Kerzen brennen auf dem Kranz,
der Hund, der beißt der Katz' in' Schwanz.
Die Katz verspüret große Schmerzen,
springt hoch und landet auf den Kerzen.
Sie wandelt sich zur lebend' Fackel,
verwirrt damit sogar den Dackel.
Miauend schießt der Feuerball –
durch die Wohung, überall.
Das ganze Haus ist schon voll Feuer,
und Weihnachten wird dies' Jahr teuer!

***

Geschenkpapier liegt rum im Zimmer,
und Geschenkband meterlang
schlängelt sich entlang wie immer,
bloß wegen des Menschen Hang,
Geschenke halt schön einzuschlagen
und mit Bändchen zu verschnüren,
damit dann die Empfänger sagen:
»Was ist da drin? Ich kann's nicht spüren!«
Drum wird in allergrößter Eil'
das Band gelöst, Papier zerrissen.
Dann kommt der Ausruf: »Ach, wie geil!
Wie konntest du nur wissen ...?«
Derweil sinkt das Geschenkpapier
zerknüllt hinab aufs Laminat.
Und da genau, da denk ich mir:
Um dass Papier ist's wirklich schad.

Nachwort

Jetzt kommt noch etwas ganz am Schluss,
logisch, das, was kommen muss.
Das Nachwort ist jetzt angesagt,
selbst wenn es den Herrn Dichter plagt.

Doch wenn kein Nachwort wird geschrieben,
für die Leser, all die Lieben,
weiß niemand, dass das Werk zu Ende.
Man reibt sich nur verwirrt die Hände,
man greift zu seinem Wodkaglas
und denkt: »Verdammt, da fehlt doch was!«

Nein, nein, das sollte nicht geschehen,
drum werden wir jetzt weitersehen
und das Nachwort schnell vollenden,
dann kann man's drehen und auch wenden:
Das Nachwort da, das Buch komplett,
jetzt zugeklappt und ab ins Bett.